DISCOURS

pour la

BÉNÉDICTION DE LA CLOCHE DE FARGUES.

DISCOURS

POUR LA

BÉNÉDICTION DE LA CLOCHE DE FARGUES

PRONONCÉ LE 10 AVRIL 1862

PAR M. L'ABBÉ DESTRAC,

Curé d'Asquets, Bachelier en Théologie.

NÉRAC,

IMPRIMERIE DE J.-B. BOUCHET.

1862.

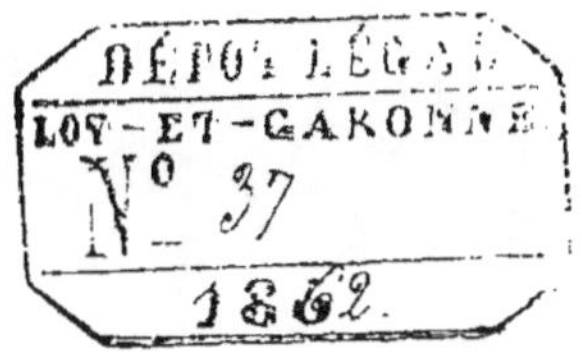

Le discours qu'on va lire n'était pas destiné à l'impression. Il a été composé uniquement en vue de la circonstance où il a été prononcé. Mais quelques amis, témoins de l'effet qu'il a paru produire, ont exprimé le vif désir de le voir imprimer.

J'ai cru devoir céder au vœu et aux instances de l'amitié et je me suis décidé à livrer à l'impression ce modeste travail sur un sujet éminemment religieux et poétique.

La cloche ! Qui donc n'aime à entendre parler de la

cloche dont la sonnerie réveille dans toute âme chrétienne une foule de sentiments d'autant plus doux et d'autant plus beaux qu'il s'y mêle un souvenir du Ciel.

Si donc ce petit travail pouvait contribuer quelque peu à la gloire de Dieu en portant quelque âme à aimer et à écouter la cloche comme la voix de Dieu qui nous appelle si souvent à son temple ; si la lecture pouvait en être de quelque agrément pour mes amis auxquels seuls je le destine ; si surtout il en résultait pour eux quelque édifi-cation, j'aurais atteintle seul et unique but que je me propose.

Asquets, près Nérac, 14 avril 1862.

DISCOURS

POUR LA

BÉNÉDICTION DE LA CLOCHE DE FARGUES

10 AVRIL 1862.

Ego vox clamantis : parate viam Domini.
Je suis la voix de celui qui crie : préparez
la voie du Seigneur.

MES FRÈRES,

L'Église a deux voix pour s'exprimer : l'une raconte intérieurement toutes les magnificences de la religion; l'autre les proclame extérieurement. L'une émeut pieusement le fidèle qui prie aux pieds du sanctuaire;

l'autre va troubler au loin le cœur de l'infidèle qui s'obstine.

Ces deux voix de l'Église, ces deux organes magnifiques que le génie chrétien a donnés à la foi de l'homme, sont bien connus : vous avez nommé l'orgue et la cloche.

L'orgue, voix du dedans ; la cloche, voix du dehors ; l'orgue, voix douce et harmonieuse qui chante ou qui pleure avec l'âme fidèle au gré de ses espérances et de ses douleurs ; l'orgue, voix sacrée qui monte comme la vapeur de l'encens déroulant ses flots mélodieux autour des piliers des grandes nefs et jusque dans les retraites mystérieuses du sanctuaire ; l'orgue enfin, voix solennelle qui fait retentir le temple lui-même et le fait chanter comme un instrument sonore versant les inspirations de la prière par toute la puissance de ses échos ; l'orgue, voix qui éclate comme la lumière, qui remplit le temple d'harmonie, comme l'encensoir le remplit de parfums , comme les flambeaux l'inondent de clartés ; — la cloche, voix de l'église militante , toujours debout comme l'archange dont la trompette formidable réveille les bons et terrifie les méchants ; la cloche, voix de l'Orient et de l'Occident, du Midi et du Septentrion ; la cloche, voix de la vie et de la mort , de la détresse et de l'espérance , de la supplication et de l'action de grâces ; la cloche, voix pure comme l'aube du jour , ardente comme les feux du midi, triste et douce comme les ombres du soir.

Depuis quelque temps, mes Frères, vous n'entendiez plus dans cette paroisse cette voix du dehors , la voix solennelle de la cloche , cette voix amie qui a raconté si merveilleusement toutes les phases de votre existence chrétienne , toutes les sollicitudes maternelles de la religion pour vous.

Vous l'avez compris ; vous l'avez senti. Dans la cité ou le village que n'émeut plus cette voix puissante et

bien-aimée , c'est le malaise , la tristesse et la désolation : on dirait que les relations entre Dieu et
l'homme sont brisées ; on dirait que la terre ne cor-
respond plus avec le Ciel.

Aussi , vous vous êtes montrés généreux. Grâce à
cette générosité, grâce surtout au zèle infatigable et à
toute épreuve de votre vieux pasteur, vous voyez re-
paraître aujourd'hui parmi vous votre cloche agrandie,
plus belle et plus sonore.

Aussi, parmi vous aujourd'hui, c'est la joie, c'est le
bonheur.

Pour entrer dans l'esprit de votre fête; pour entrer
dans l'esprit de la cérémonie à laquelle nous allons
assister , je viens vous entretenir de la cloche , objet
légitime de vos vœux, fruit de vos pieuses largesses.

Prêtez-moi votre attention.

I.

Tant que le glaive de la persécution fut suspendu sur l'église de J.-C., au berceau du christianisme, il n'y eut aucun signal public pour appeler les fidèles aux assemblées religieuses. Un clerc, appelé Cursor, coureur, allait les avertir secrètement, de maison en maison, du jour et de l'heure où l'office divin serait célébré.

Au 4me siècle, lorsque Constantin eut donné la paix à l'Église, on employa d'abord la trompette comme signal de convocation, à l'exemple des enfants d'Israël qui se servaient de trompettes d'argent pour rassembler le peuple les jours de fête. Puis, on se servit de timballes qu'on frappait l'une contre l'autre, de planches polies qu'on faisait retentir à coups de maillets, de chaudières de cuivre et d'airain et de barres de fer qu'on frappait avec des marteaux. La crécelle, mou-linet de bois qui fait un bruit aigu et dont on se sert encore dans les monastères et dans beaucoup de pa-roisses, les trois derniers jours de la semaine sainte, fut aussi un instrument de convocation.

Enfin, la cloche a remplacé ces signaux imparfaits.

L'Église a préféré la cloche à tous les autres moyens d'appeler les chrétiens aux assemblées religieuses, parce qu'il n'en est aucun qui soit plus propre à cet effet. Les fanfares de trompettes, la voix humaine, si éclatante et si forte qu'elle soit, les plaques de fer ou d'airain ne peuvent approcher du son que les cloches font entendre.

« Sans doute, s'écrie Chateaubriand, c'était d'abord, ce nous semble, une chose assez merveilleuse d'avoir trouvé le moyen, par un seul coup de marteau, de faire naître, à la même minute, un même sentiment dans mille cœurs divers, et d'avoir forcé les vents et les nuages à se charger des pensées des hommes.

» Ensuite, considérée comme harmonie, la cloche a indubitablement une beauté de la première sorte : celle que les artistes appellent le *Grand*. Le bruit de la foudre est sublime, et ce n'est que par sa grandeur; il en est ainsi des vents, des mers, des volcans, des cataractes, de la voix de tout un peuple.

» Avec quel plaisir Pythagore, qui prêtait l'oreille au marteau du forgeron, n'eut-il point écouté le bruit de nos cloches, la veille d'une solennité de l'Église ! L'âme peut être attendrie par les accords d'une lyre, mais elle ne sera pas saisie d'enthousiasme, comme lorsque la foudre des combats la réveille, ou qu'une pesante sonnerie proclame dans la région des nuées les triomphes du Dieu des batailles. »

La cloche qui devait ainsi, plus tard, dans l'Église Catholique, recevoir une destination si importante, a une origine fort ancienne. Une foule d'auteurs ont assuré que ce fut à Nole, ville de Campanie, qu'elles furent d'abord inventées; d'où leur serait venu le nom de *Campanes*. Cette opinion manque de probabilité. Elle est contraire aux données historiques. Il y avait des cloches avant qu'il y eut un royaume d'Italie et une province de Campanie. Le grand-prêtre Aaron, 1500 ans avant J.-C., avait des grenades au bas de sa robe couleur d'hyacinthe entremêlées de sonnettes ou petites cloches d'or.

Ce n'est que vers le commencement du 7me siècle que le nom de Campane a été donné à la cloche. Or, Plaute, dans une de ses comédies, fait mention d'une cloche qu'il appelle *tintinnabulum*. Plutarque parle d'une cloche qui annonçait l'heure de la vente du poisson au marché. Pline rapporte qu'il y avait des cloches suspendues au haut du tombeau du roi Porsenna et qu'on les entendait de fort loin lorsqu'elles étaient agitées par le vent. Un épigramme de Martial nous apprend que de son temps il y avait à Rome des cloches qui marquaient l'heure à laquelle les bains publics étaient ouverts. Porphyre atteste que certains philosophes des Indes s'assemblaient, au son des cloches, pour prier et prendre leurs repas.

Tous ces auteurs vivaient avant la fin du 4me siècle.

Le nom de Campanes serait venu peut-être de l'airain de Campanie qui passe pour le meilleur; peut-être aussi de ce que c'est dans la Campanie qu'on trouva le moyen de les suspendre et de les balancer, d'après le modèle d'une machine usitée dans cette province pour peser les fardeaux, appelée *statera Campana*, balance de Campanie.

Quoi qu'il en soit, l'origine des cloches remonte à la plus haute antiquité. Mais on ignore quel en fut le premier inventeur. Ce ne fut pas S^t. Paulin de Nole, comme on l'a cru communément. Il ne fut évêque qu'au commencement du 5me siècle, l'an 409. Les cloches existaient avant cette époque.

On ne sait non plus qui a introduit l'usage des

cloches dans l'église, ni en quelle année cet usage a été introduit.

L'Église, mes Frères, et j'arrive à la cérémonie qui nous occupe, l'Église, qui est dans l'usage de séparer d'avec les choses profanes et de sanctifier par la prière tout ce qui sert au culte divin, a institué plusieurs cérémonies pour bénir la cloche et rendre mystérieux et saint le son qui doit convoquer les fidèles aux instructions, aux offices et surtout à l'auguste sacrifice de l'autel.

Vous verrez dans un instant comment cette cérémonie se pratique.

Le célébrant demandera au parrain et à la marraine quel nom ils veulent donner à la cloche qu'on va bénir. Ce nom, qui est celui d'un saint, la mettra, pour ainsi dire, sous la protection de ce saint et servira en même temps à la distinguer des autres cloches.

Après avoir béni l'eau mêlée de sel avec laquelle la cloche doit être lavée ; après avoir pratiqué sur elle cette lotion, symbole de la pureté qu'il faut avoir pour être employé dignement au service de Dieu , le célébrant fera d'abord sur la cloche une onction avec l'huile des infirmes. Cette onction représente l'effusion de la grâce et de la vertu du Saint-Esprit dans les cœurs des fidèles que cet instrument appellera désormais à la prière. Puis , pendant le chant du psaume 28 , où le roi prophète célèbre en termes magnifiques la puissance de la voix de Dieu, le célébrant fera encore , avec l'huile des infirmes, sept onctions sur l'extérieur de la cloche et quatre dans l'intérieur avec le saint-chrême. Les sept onctions signifient les sept dons du Saint-Esprit , qui prendra plaisir à se communiquer à tous ceux qui, au son de cette cloche, viendront prier dans le lieu saint avec piété et ferveur.

Les quatre onctions signifient l'étendue de la charité qui doit animer le pasteur et les fidèles. Cette charité doit les rendre sensibles aux intérêts de l'église et les porter à détourner les orages spirituels de quelque côté qu'ils viennent, de même que la cloche détourne les foudres et les tempêtes, sans toutefois que le son physique de cet instrument ait cette vertu, mais, en invitant les fidèles à la prière pendant les orages, elle contribue par là même à fléchir la colère de Celui qui commande aux vents et aux tempêtes et sans la volonté duquel rien n'arrive dans l'univers.

Quand les onctions seront terminées, le célébrant mettra de l'encens dans l'encensoir et le posera sous la cloche, afin qu'elle soit toute pénétrée pour ainsi dire de ces agréables odeurs, qu'elle vous attire plus facilement et plus efficacement au pied des autels et vous rappelle sans cesse que vous devez, par la sainteté de votre vie et la pureté de vos mœurs, répandre partout la bonne odeur de Jésus-Christ.

Le célébrant demandera ensuite à Dieu pour la cloche la même puissance qu'il accorda autrefois aux trompettes d'Israël qui firent tomber les murs de Jéricho.

Enfin il la sonnera trois fois, ainsi que le parrain et la marraine, comme pour lui donner une mission et comme s'il lui disait : « Allez, sonnez la gloire du Seigneur ; allez, publiez ses bienfaits et sa miséricorde ; sonnez, et que les fidèles, dociles à votre voix, ouvrent leurs cœurs à la grâce et opèrent leur salut éternel. »

Telle est, mes Frères, l'origine des cloches ; tel est le sens de la cérémonie à laquelle vous allez assister.

Cette bénédiction de la cloche, vous l'appelez baptême. La cloche, en effet, sera lavée avec de l'eau bénite, on fera sur elle diverses aspersions avec cette eau sanctifiée par la prière et on lui donnera un ou plusieurs noms.

Mais ce baptême n'emporte avec lui aucune communication de grâce ou de vertu sacramentelle. C'est un baptême non de justification mais de consécration par laquelle une chose est dédiée à Dieu. C'est comme une espèce de dédicace qui a un rapport sensible avec celle de nos temples. C'est par l'onction que les principales colonnes de nos églises ont été consacrées au culte du Seigneur. C'est aussi par des onctions multipliées et dans l'intérieur et à l'extérieur de la cloche que l'Église la destine à rassembler les fidèles qui doivent prendre part à ce culte.

Ce n'est donc, à proprement parler, qu'une simple bénédiction qui a pour objet d'attirer par la prière des grâces intérieures, non sur cette matière incapable d'en recevoir l'impression, mais sur ceux qui, dans la suite, avertis par le son de cette cloche des jours et des heures destinés aux exercices de la religion, se rendront assidûment au temple divin.

Après tout, vous le sentez, mes Frères, la cloche a

des relations si intimes , si sympathiques avec la religion, les arts, la patrie, la société et la nature ; elle
est comme un écho si puissant de vos joies et de vos
douleurs; elle traduit si bien les rapports qui unissent
la terre au Ciel, le présent à l'avenir, la vie à la mort,
le temps à l'éternité ; son retentissement pieux vibre
si bien avec les émotions divines, morales, poétiques
dont Dieu a enrichi nos cœurs , qu'il vous semble que
la cloche soit douée d'âme et de vie ; et voilà pour-
quoi , dans votre langage expressif, vous donnez le
nom de baptême à la bénédiction de votre cloche,
comme si vous la reconnaissiez douée d'intelligence et
de sentiment.

C'est dans le même esprit que vous appelez parrain
et marraine les personnes choisies pour imposer un
nom à la cloche qu'on va bénir. Mais c'est dans un
autre sens que pour le sacrement de baptême. Dans
l'administration du sacrement de baptême, le parrain

et la marraine représentent l'enfant , deviennent sa caution devant Dieu et en présence de l'Église, et contractent l'obligation étroite de veiller sur sa foi et sur ses mœurs. Ici , jeune parrain et jeune marraine , il n'y a ni promesses à faire , ni engagements à prendre, mais vous avez été choisis pour nommer cette cloche et vous êtes, en ce moment, les représentants de toute la paroisse , pour faire à Dieu , avec l'Église et par Jésus-Christ, l'offrande de cet instrument qui est destiné au service de son temple.

Enfin , c'est dans le même esprit de religion que l'Église, qui a consacré nos temples sous l'invocation des amis de Dieu , a eu l'inspiration d'intéresser les saints à cette nouvelle offrande qu'elle fait au Seigneur. Elle permet qu'on grave sur les cloches les noms de quelques saints. En particulier le nom de St-Cyrice a été gravé sur cette cloche , sur la cloche de l'église de Fargues.

Vous le comprenez, c'est une manière de solliciter la protection de ce saint, non sur cet instrument matériel, mais sur vous, afin que par son intercession vous obteniez l'esprit de recueillement et de prière, de contrition, de confiance et d'amour, toutes les fois qu'invités par le son de cette cloche, vous vous rendrez dans le lieu saint.

II.

Mais la cloche n'est pas seulement un son plus ou moins retentissant, c'est une grande idée, une idée sublime qui s'adresse à tous les actes de notre existence chrétienne et fait vibrer, à toute heure, toutes les fibres religieuses de notre cœur. C'est comme le symbole de la voix de Dieu, comme une providence qui remplit à notre égard les plus sublimes fonctions.

Du berceau à la tombe elle se mêle à la vie humaine pour en consacrer les joies , en pleurer les douleurs, en rappeler les devoirs. On dirait la voix de l'ange tutélaire que la Foi montre à côté de chacun de nous, guidant nos pas, inspirant nos cœurs, souriant à nos innocents plaisirs , sympathisant avec nos douleurs, gémissant sur nos erreurs et nos égarements.

A notre entrée dans la vie elle nous a salués d'une voix maternelle et , par ses joyeux carillons, elle a annoncé un nouveau-né à la famille , un citoyen à la patrie, un élu pour le Ciel.

La cloche a sonné à votre baptême. Ce son de la cloche n'était-il pas la voix de Dieu qui semblait dire : Cet enfant, en venant au monde , était digne de ma colère ; il est devenu mon fils. Le Ciel l'attend , s'il persévève dans la grâce de la régénération.

La cloche a sonné à votre première communion,

elle sonnéra à la première communion de vos enfans. Ce son de la cloche n'est-il pas encore la voix de Dieu qui semble dire : Enfant béni du Seigneur, vous avez recouvré au saint tribunal votre innocence baptismale; orné de la robe nuptiale, entrez dans la salle du festin, asseyez-vous à la table de Jésus-Christ. Devenu participant de la nature divine par la sainte communion, vous triompherez de vos ennemis. L'Eucharistie sera pour vous un rempart que l'ennemi n'osera attaquer. Elle est un fleuve d'amour qui éteint le feu des passions, un flambeau qui dirige les pas, le germe de la glorieuse immortalité. — Et la cloche a sonné encore.... Elle a fait savoir à tous que le Dieu du Ciel avait quitté le tabernacle pour devenir le pain de sa créature.

Elles couleront vite ces heureuses années de l'adolescence, pendant lesquelles, pauvre père, vous serez fier de voir votre fils se placer à côté de vous, et vous surtout, pauvre mère, vous verrez avec orgueil votre fille dont vous vous parez comme de votre plus riche ornement et qui est l'objet de vos plus belles espérances. Mais il est écrit : l'homme quittera son père et sa mère et s'attachera à son épouse. Il faudra quitter l'aile maternelle. Craintes, joies, tristesses inséparables de ce grand acte, la cloche rend tous ces sentiments qui se pressent au cœur du père et de la mère. La cloche a sonné à votre mariage, elle sonnera au mariage de vos enfants. Ce son de la cloche n'est-il pas encore et toujours la voix de Dieu qui s'écria après avoir créé l'homme à son image : Donnons-lui une compagne, unissons-les, bénissons-les, que la race humaine se multiplie pour peupler le Ciel.

Mais quel est ce son nouveau, quel est ce son lugubre que votre cloche jette dans les airs !... Elle nous annonce qu'un de nos frères est étendu sur son lit de mort ; qu'un chrétien touche à ses derniers moments. Airain pieux, hâtez-vous de gémir et de prier, pour que les fidèles prient et gémissent avec vous. L'huile sainte a coulé sur les membres du moribond, tous s'associent aux prières de l'Église qui berce un dernier sommeil. Bientôt le glas funèbre avertit que ce frère s'est endormi dans le Seigneur et qu'il faut unir nos supplications afin que son âme aille reposer dans le sein de Dieu.

La cloche a sonné l'agonie et la mort de ceux qui vous furent chers, elle sonnera votre agonie et votre mort, qui que vous soyez, riches ou pauvres.

Oui, grâce à la cloche, ô vous le plus obscur et le plus ignoré des hommes, vous aussi, pauvre exilé, quoique vous trouvant loin du sol de la patrie, étranger, délaissé de tous excepté de cette mère qui vous a suivi dans votre exil, la Religion, vous enfin, à qui nulle main amie n'aura fermé les yeux, ne soyez pas sans espérance. Grâce à la cloche, digne organe de la religion d'amour , un regret vous accompagnera à la tombe, une larme ne sera pas refusée à votre dépouille mortelle, une prière vous suivra au tribunal de Dieu.

La cloche veille comme Dieu sur le plus humble des enfants de la cité ou du village , elle gémira sur les souffrances du chrétien mourant , ses sentiments seront comme les pulsations de l'agonie du moribond, et quand il aura exhalé le dernier soupir, les anges et les hommes seront avertis par les accents plaintifs de la cloche qu'une larme pieuse doit être versée sur la cendre du pauvre et qu'une fervente prière doit l'accompagner aux pieds du tribunal du souverain Juge.

C'est ainsi que du berceau à la tombe la cloche se mêle à toute notre vie, solennise les principaux évènements de notre existence chrétienne.

Mais en dehors de ces grandes époques de notre vie, la cloche doit retentir encore souvent. Trois fois par jour, le matin, à midi et le soir, elle nous avertira de saluer la reine des anges, elle avertira le laboureur de se prosterner dans le sillon pour adorer le Dieu de la nature. Elle se fera entendre trois fois par jour pour nous inviter à bénir, par l'entremise de cette Reine des anges, Celui qui donne aux fruits leur maturité et aux champs leur parure.

Enfin, une fois chaque semaine, le dimanche, la cloche fera retentir plus souvent ses joyeuses volées. Elle vous appellera au pied des autels, au sacrifice de la sainte victime, autour de la chaire de vérité, ô vous qui êtes membre de cette grande famille qu'on appelle la paroisse.

Et à ce propos, mes Frères, n'en êtes-vous pas les tristes témoins? Et, comme on l'a dit, à quel signe donc, dans certaines paroisses, pourrait-on distinguer le grand jour du Seigneur des autres jours de la semaine, si la cloche se taisait ; si, dès l'aurore, elle ne protestait par ses balancements animés contre les violations qui affligent profondément l'Église ? Si son infatigable voix , dominant le bruit de la cité ou du village , le tumulte du monde et les cris de ses fêtes profanes , ne faisait entendre aux hommes qui l'oublient, que le dimanche est un jour de prière, de repos et d'action de grâces ; qu'en ce saint jour , il ne faut point labourer les champs , ni en recueillir les moissons , mais appeler sur eux la rosée du Ciel et les bénédictions d'en haut ; qu'enfin , en ce jour de trève et de sanctification , l'homme cesse de travailler le bois, le fer et la pierre , et que toutes les âmes doivent s'unir dans un seul sentiment exprimé par ces paroles du roi-prophète : « Mon cœur a tressailli à cette nou-

» velle heureuse qui vient de m'être annoncée : nous

» irons dans la maison du Seigneur. *Lœtatus sum in*

» *his quœ dicta sunt mihi : in domum Domini ibimus.* »

Mais la circonstance du temps où je parle me fait

pressentir une objection. Nous touchons à une époque solennelle de l'année chrétienne où, pendant plusieurs jours, la cloche se tait. Est-ce que pendant ces jours la cloche n'a rien à annoncer ? Quoi ! pendant ces jours où se sont opérés les plus grands, les plus étonnants mystères de la religion, où l'Église, veuve et désolée, pleure son bien-aimé, la cloche n'aurait rien à annoncer ? Quoi ! pendant ces jours consacrés à célébrer la mémoire des souffrances et de la mort d'un Dieu et de la rédemption des hommes, la cloche resterait muette ! — Ah ! mes Frères, si la cloche se tait en ce moment, c'est qu'elle est impuissante à redire ce qu'aucune voix humaine ne saurait exprimer. Mais qu'il me parait éloquent ce silence ! Je reconnais là un silence sublime, silence d'étonnement et d'admiration ; silence d'étonnement et d'admiration à la vue de l'excès de l'amour d'un Dieu pour les hommes, silence d'étonnement et d'horreur à la vue de l'excès de l'ingratitude des hommes envers Dieu. — Et après tout, si, pendant que l'Église ne fait entendre que des accents plaintifs, des sanglots et des gémissements, la cloche n'invite pas ses enfants à venir compatir à la douleur de leur mère, à venir mêler leurs larmes à ses larmes, oh! c'est que la reconnaissance leur en fait un devoir, c'est que la piété filiale doit les y amener. D'ailleurs, le silence de la cloche qui semble vouloir respecter une désolation profonde, une incomparable douleur, en dit bien plus que les sons les plus bruyants.

La cloche est donc une grande idée, une idée sainte, une des plus belles inspirations, une des créations les plus belles du génie catholique.

Partout où l'homme qui s'en va semant ses douleurs sur le chemin de l'exil a laissé un gémissement, un soupir, une plainte, une espérance , la Religion a placé une cloche ; une cloche , c'est-à-dire une idée sainte traduite par un accent harmonieux pour avertir l'homme de croire, d'espérer et d'aimer.

Les voix de la terre, maudites à cause du péché, ne savaient plus la louange divine et ne pouvaient plus apprendre à l'homme à glorifier Dieu. La cloche, sanctifiée et bénie par la Religion , est comme une note retrouvée de ce concert primitif de l'univers dont chaque accent était un hymne à la gloire du Créateur.

Comprenez-vous maintenant, mes Frères, cette douceur, cette vivacité d'émotions, ce charme du souvenir qui s'attache à la cloche. Attraits de la religion, amour du pays natal, saintes affections de la famille, nobles et délicates sensibilités du cœur, comme le son de la cloche vous réveille délicieusement au fond de nous-mêmes ! — Si jamais, mes Frères, voyageurs, soldats ou exilés, vous avez à vous éloigner du toit paternel ; s'il vous faut dire un long adieu au pays qui vous vit naître; au retour des périls et des pérégrinations lointaines vous sentirez votre cœur palpiter d'émotion à la pensée du sol de la patrie ou du toit paternel. Mais, lorsque, au moment d'arriver, vous aurez entrevu à travers le feuillage des vieux ormes, au-dessus de la fumée du hameau, le clocher qui abrita les jeux de vos premiers ans ; lorsque vous aurez entendu la cloche dont le son argentin sera resté dans votre mémoire, il y aura des larmes dans vos yeux !.. Vous vous en souviendrez, c'est la cloche qui a chanté sur votre berceau , c'est la cloche qui a pleuré sur la tombe de votre mère.

Je termine, mes Frères, le temps ne me permet que de vous indiquer que la cloche n'a pas seulement un caractère religieux , mais qu'elle a aussi un caractère social.

La patrie, la famille autant que la religion sont protégées et glorifiées par elle. Il n'est pas une victoire, un traité de paix, un anniversaire de douleur ou de gloire à laquelle la cloche ne vienne mêler la pompe de sa grande voix. Et cette voix solennelle qui semble tomber des Cieux anime les fêtes de la patrie et leur donne la vie en confondant les âmes dans un même sentiment d'enthousiasme.

Du haut du clocher massif ou de la flèche aérienne la cloche est comme une sentinelle vigilante et protectrice. Vous le savez, si l'ennemi est menaçant aux frontières, si les torrents dévastateurs franchissent leur rivage, si des toits des maisons jaillit la flamme de l'incendie, c'est la cloche qui donne le signal d'alarme, c'est la voix du tocsin qui réunit et qui sauve.

Avant de descendre de cette chaire, je te salue,

ô cloche, que le digne délégué du premier pasteur du diocèse va bénir et à laquelle la Religion va donner des ailes et une voix pour t'élever et chanter dans les airs.

Sonne donc, ô cloche, remplis ta mission, sois un prédicateur zélé de la vérité et de la vertu. Parle non-seulement au vrai fidèle, mais à celui-là même qui a résolu de ne pas penser à Dieu. Sonne, ô cloche, fais-toi entendre à l'homme qui, au milieu de ses affaires et de ses plaisirs, cherche à s'étourdir pour ne pas entendre les voix de la création qui lui parlent de Dieu, pour ne pas entendre les harmonies de la nature et de sa conscience.

Ah ! airain sacré, cloche bénie, retentis dans le village, dans la campagne et jusqu'aux dernières ex-trémités de la paroisse, parle aux transfuges de la Foi. Sonne, ô cloche, remplis ta mission, parle à ces hommes qui, se renfermant dans leur athéisme pratique, ne veulent pas connaître les joies suaves que la Religion leur prépare, à ces hommes qui, dans leur indifférence calculée, se tiennent éloignés de Dieu.

Ah ! peut-être que quelque âme égarée, docile à l'appel de ta voix, se laissera emporter un jour vers la maison de Dieu, vers le port de la grâce, au pied de la chaire de vérité où il retrouvera le Dieu de sa jeunesse, la joie de son cœur, la paix de sa conscience.

Oh ! ta voix alors ne sera plus un reproche, mais l'appel d'un ami, et en regardant vers la haute demeure d'où tes accents descendront sur lui, les yeux de ce chrétien converti se mouilleront de larmes de joie et de bonheur....

Et vous, mes Frères, je vous le demande, prêtez à cette cloche un culte en esprit et en vérité. L'airain sacré ne peut avoir une âme et une voix, si cette âme n'est animée par votre piété, cette voix inspirée par votre zèle. — Montrez-vous surtout dociles à l'appel de sa voix. Empressez-vous, venez toutes les fois qu'elle vous annoncera que vous avez à remplir un devoir dans le lieu saint. Lorsque les jours de fêtes et de dimanche elle vous appellera au Saint Sacrifice, dites alors :

La cloche sonne ! Loué soit le jour du Seigneur : voici l'heure du Sacrifice : j'irai sans tarder au temple de mon Dieu l'y adorer avec crainte et tremblement : « *Adorabo ad templum sanctum tuum in timore tuo.* »

La choche sonne ! C'est pour m'avertir que la parole de Dieu va être annoncée ; j'irai recueillir de la bouche du ministre de Jésus-Christ les paroles de la vie éternelle.

La cloche sonne ! C'est pour m'annoncer qu'un de mes frères en J.-C. vient de terminer sa carrière dans le monde ; je prierai le Seigneur de le recevoir favorablement et de le placer dans le sein d'Abraham, d'Isaac et de Jacob.

La cloche sonne ! C'est pour m'annoncer la dernière heure du jour ; Ah ! que le temps est court ! Bientôt peut-être aussi sonnera la dernière heure de ma vie.

La cloche sonne ! Avec quelle rapidité le son fugitif en est venu frapper mon oreille ! Avec quelle rapidité il s'est enfui et perdu dans les airs. C'est l'image de la vie ; elle s'écoule avec non moins de vitesse ; c'est avec la même rapidité que tout passe ici-bas : biens, richesses, distinctions, plaisirs, santé ; tout cela n'est que fumée, que son. Quelle folie donc d'y attacher ses affections ! Quelle folie de ne pas employer utilement le temps qui passe si vite et qui pourtant est le prix de l'éternité.

O mon Dieu ! c'est à votre gloire que nous consacrons cet airain retentissant. Recevez l'hommage que nous vous en faisons. Daignez le purifier, le consacrer vous-même, le rendre digne de la destination qui lui est réservée. Faites plus, ô mon Dieu ! Ce fut par un effet de votre puissance que les murailles de Jéricho s'écroulèrent au son des trompettes ; accordez à cette cloche une partie de cette vertu merveilleuse ; faites qu'au son de la cloche, l'œuvre de l'esprit de ténèbres et de *division* soit confondue ; que cette légion de mauvais anges qui rôdent autour de nos âmes soit dispersée ; que vos temples soient visités ; vos sacrements fréquentés ; qu'à la fin de cette sainte quarantaine le peuple fidèle accoure en foule pour entendre votre divine parole. Faites enfin, ô mon Dieu ! que la douce et touchante harmonie de la cloche console nos cœurs, augmente en nous l'esprit de piété, de foi, d'espérance et d'amour, afin que par la pratique de ces vertus sur la terre, il nous soit donné, un jour, d'entendre l'harmonie ravissante et éternelle des Cieux !

Ainsi soit-il.